D0787488

Marks, Jennifer, 1979-
Clasificar juguetes =
Sorting toys /
2012.
33305230929907
ca   09/25/14

A+ books

BILINGÜE/BILINGUAL

Vamos a ordenar / Sorting

Clasificar juguetes

Sorting

Toys

por/by Jennifer L. Marks

CAPSTONE PRESS
a capstone imprint

A+ Books are published by Capstone Press,
1710 Roe Crest Drive, North Mankato, Minnesota 56003.
www.capstonepub.com

Copyright © 2012 Capstone Press, a Capstone imprint. All rights reserved.
No part of this publication may be reproduced in whole or in part, or stored in a retrieval system,
or transmitted in any form or by any means, electronic, mechanical, photocopying, recording,
or otherwise, without written permission of the publisher.
For information regarding permission, write to Capstone Press,
1710 Roe Crest Drive, North Mankato, Minnesota 56003.

Books published by Capstone Press are manufactured with paper
containing at least 10 percent post-consumer waste.

Library of Congress Cataloging-in-Publication Data
Marks, Jennifer, 1979-
[Sorting toys. Spanish & English]
Clasificar juguetes = Sorting toys / por/by Jennifer L. Marks.
   p. cm.—(Vamos a ordenar = Sorting)
Includes index.
Summary: "Simple text and color photographs introduce basic ways to sort toys—in both English and Spanish"—
Provided by publisher.
ISBN 978-1-4296-8254-1 (library binding)
1. Group theory—Juvenile literature. 2. Set theory—Juvenile literature. 3. Toys—Juvenile literature. I. Title. II. Title:
Sorting toys. III. Series.
QA174.5M37718 2012
511.312—dc23
                                            2011028680

Credits

Strictly Spanish, translation services; Ted Williams, designer; Kathy McColley, bilingual book designer;
Charlene Deyle, photo researcher; Scott Thoms, photo editor; Laura Manthe, production specialist

Photo Credits

Capstone Press./Deirdre Barton, 26; Karon Dubke, cover, 3, 4–5, 6–7, 8, 9, 10, 11, 12–13, 14–15,
   16, 17, 18–19, 20, 21, 22, 23, 24, 25
Index Stock Imagery/Omni Photo Communications Inc., 27 (bottom)
Shutterstock/Alexphoto, 29; Donald Gargano, 28
SuperStock/Dynamic Graphics Value, 27 (top)

Note to Parents, Teachers, and Librarians

The Vamos a ordenar/Sorting set uses color photographs and a nonfiction format to introduce
readers to the key math skill of sorting. *Clasificar juguetes / Sorting Toys* in English and Spanish is
designed to be read aloud to a pre-reader, or to be read independently by an early reader. Images
and activities encourage mathematical thinking in early readers and listeners. The book encourages
further learning by including the following sections: Table of Contents, Venn Diagram, Facts about
Toys, Glossary, Internet Sites, and Index. Early readers may need assistance using these features.

The author dedicates this book to Mark Sundell of New Ulm, Minnesota.

Printed in the United States of America in Stevens Point, Wisconsin.
032013   007279R

Table of Contents

Tabla de contenidos

Toys, Toys, Toys!

This playroom has lots of toys of all colors, shapes, and sizes.

¡Juguetes, juguetes, juguetes!

Este cuarto de juegos tiene muchos juguetes de todos los colores, formas y tamaños.

Let's sort them out. When we put alike toys together, we make sets. What other ways can we sort toys?

Vamos a clasificar. Cuando nosotros agrupamos juguetes, hacemos conjuntos. ¿De qué otras maneras podemos clasificar juguetes?

Sorting by Color

Creepy, crawly bugs come in lots of colors.

Let's sort these critters into green, blue, yellow, and red sets.

Clasificar por color

Los insectos que caminan y se arrastran vienen en muchos colores.

Clasifiquemos estos insectos en conjuntos verde, azul, amarillo y rojo.

So many cups, pots, and saucers! Let's invite a friend for a tea party.

¡Tantas tazas, teteras y platitos! Invitemos a una amiga a tomar el té.

Before we meet for tea, we sort it all into sets—orange, yellow, and purple.

Antes de tomar el té, clasificamos todo en conjuntos: naranja, amarillo y violeta.

We can sort building blocks by color too. What color sets do you see here?

Nosotros también podemos clasificar bloques para construir por colores. ¿Conjuntos de qué colores ves aquí?

Sorting by Size

Let's try sorting toys by size. These nesting dolls all look alike. We can sort them, big to little.

Clasificar por tamaño

Tratemos de clasificar juguetes por tamaño. Esos muñecos anidados se parecen entre sí. Podemos clasificarlos de grande a pequeño.

Teeth, claws,
scales, and tails!
Dinosaur toys rule
the playroom.

¡Dientes, garras,
escamas y colas!
Los dinosaurios de
juguete dominan
el cuarto de juegos.

We can sort these dinos by size, shortest to tallest.

Podemos clasificar estos dinosaurios por tamaño, del más bajo al más alto.

A cuddly set of puppies is sorted by size too—smallest to biggest.

Un tierno conjunto de cachorros también está clasificado por tamaño, del más pequeño al más grande.

How Do You Use It?

A cowboy with a magic wand? These dress-up sets are all mixed up.

¿Un vaquero con una varita mágica? Los conjuntos para disfrazarse están todos mezclados.

¿Cómo lo usas?

Let's sort before we start to play—cowboy, pirate, and princess.

Vamos a clasificar antes de comenzar a jugar: vaquero, pirata y princesa.

Toys can be sorted by where you play. Racetracks, board games, and action figures are for playing indoors.

Los juguetes pueden clasificarse de acuerdo a dónde tú juegas. Las pistas de carreras, juegos de mesa y figuras de acción son para jugar adentro.

Bikes, butterfly nets, and footballs are sorted in an outdoor set.

Los triciclos, las redes para mariposas y las pelotas de fútbol americano se clasifican en un conjunto para jugar afuera.

Venn Diagram

Some toys can be sorted into more than one set. Let's see what happens when we sort yellow and purple.

Algunos juguetes pueden clasificarse en más de un conjunto. Veamos qué pasa cuando clasificamos amarillo y violeta.

Diagrama de Venn

Purple
Violeta

Purple
and
Yellow

Violeta y
amarillo

Yellow
Amarillo

Sorting Toys in the Real World

You can spot sorting in all kinds of places. Let's look at some ways people sort toys in the real world.

Tú puedes ver clasificación en todo tipo de lugares. Miremos las maneras en que la gente clasifica juguetes en el mundo real.

Fairs and carnivals give away plenty of toys as prizes. The toys are sorted into rows. If you win a game or contest, you get to pick a toy from one of the rows.

Las ferias y carnavales dan muchos juguetes como premios. Esos juguetes están clasificados en hileras. Si tú ganas un juego o concurso, puedes elegir un juguete de una de las hileras.

Clasificar juguetes en el mundo real

School gyms have many kinds of balls. Soccer balls, rubber balls, and basketballs are sorted into bins. Teachers and students can find just what they need to play.

Los gimnasios de las escuelas tienen muchos tipos de pelotas. Pelotas de fútbol, pelotas de goma y pelotas de básquetbol están clasificadas en cubos. Los maestros y los estudiantes pueden encontrar justo lo que necesitan para jugar.

Toy stores have aisles of sorted toys. Each kind of board game has its own place on the store's shelves.

Las jugueterías tienen pasillos con juguetes clasificados. Cada tipo de juego de mesa tiene su propio lugar en los estantes de la tienda.

Facts about Toys

- Yo-yos have been around longer than almost any other toy in human history. The oldest yo-yos were discovered in Greece. They were made of stone more than 3,000 years ago.

- Early footballs were much larger than today's footballs. They were shaped kind of like watermelons, so they are often called watermelon footballs. Modern footballs are smaller, and the ends are more pointed. This new style makes them much easier to hold, catch, and throw.

- A set of Russian nesting dolls, or *matryoshka* dolls, may include 5 to 30 dolls that fit one inside another. Each doll is handmade from wood and carefully painted. The dolls are usually made in order, smallest to biggest. The smallest doll cannot be taken apart.

- Checkers is a board game that was around in ancient times in Egypt and other countries. Today, the game is called checkers in the United States and draughts in England.

- The teddy bear was named after United States President Theodore Roosevelt. After one of the president's hunting trips, newspapers started printing cartoons that showed Roosevelt refusing to shoot a bear cub. Toymakers made stuffed versions of the bear cub and called them teddy bears.

Datos acerca de juguetes

- El yo-yo ha existido por más tiempo que ningún otro juguete en la historia de la humanidad. El yo-yo más antiguo fue descubierto en Grecia. Estaban hechos de piedra hace más de 3,000 años.

- Las pelotas de fútbol americano tempranas eran mucho más grandes que las pelotas de hoy. Tenían la forma parecida a una sandía, por lo que a menudo se las llama pelotas sandía. Las pelotas de fútbol americano modernas son más pequeñas y los extremos son más puntiagudos. Este nuevo estilo facilita sostenerlas, atraparlas y lanzarlas.

- Un juego de muñecas rusas o muñecas matryoshka, incluye de 5 a 30 muñecas que encajan una dentro de la otra. Cada muñeca está hecha a mano de madera y es cuidadosamente pintada. Las muñecas se hacen por lo general en orden, de la más pequeña a la más grande. La muñeca más pequeña no se separa.

- El juego de damas es un juego de mesa que existe desde tiempos antiguos en Egipto y otros países. Hoy, el juego se llama checkers en Estados Unidos y draughts en Inglaterra.

- El teddy bear (oso de peluche) fue nombrado por el presidente de Estados Unidos Theodore Roosevelt. Después de uno de los viajes de cacería del presidente, los periódicos empezaron a imprimir historietas que mostraban a Roosevelt rehusándose a dispararle a un osezno. Los fabricantes de juguetes hicieron versiones de peluche del osezno y los llamaron ositos Teddy.

Glossary

carnival—a public celebration, often with rides and games

critter—a living creature

nesting doll—one of a set of dolls of decreasing sizes placed one inside another

saucer—a small, shallow plate that is placed under a cup

set—a group of similar things

Venn diagram—a kind of diagram that uses circles to show how things can belong to more than one set

Internet Sites

FactHound offers a safe, fun way to find Internet sites related to this book. All of the sites on FactHound have been researched by our staff.

Here's all you do:

Visit www.facthound.com

Type in this code: 9781429682541

Super-cool stuff!

Check out projects, games and lots more at
www.capstonekids.com

Glosario

el carnaval—una celebración pública, a menudo con juegos y juegos mecánicos

el conjunto—un grupo de cosas similares

el diagrama de Venn—un tipo de diagrama que usa círculos para mostrar cómo cosas pueden pertenecer a más de un conjunto

el insecto—una criatura viviente

la muñeca rusa—un grupo de muñecas cuyos tamaños disminuyen para poder colocarlas una dentro de la otra

el platito—un plato pequeño, poco profundo que se coloca debajo de la taza

Sitios de Internet

FactHound brinda una forma segura y divertida de encontrar sitios de Internet relacionados con este libro. Todos los sitios en FactHound han sido investigados por nuestro personal.

Esto es todo lo que tienes que hacer:

Visita *www.facthound.com*

Ingresa este código: 9781429682541

¡Algo súper divertido!

Hay proyectos, juegos y mucho más en
www.capstonekids.com

Index

índice